Alexander Kauther, Paul Wirtz

"Papa Raschke" - Aus dem Leben des Johannisthaler Holzhändlers, Konstrukteurs und Flugzeugführers Gustav Raschke (1885-1949)

Heft 12 aus der Dokumentenreihe über den Flugplatz Berlin-Johannisthal 1909-1914

GRIN Verlag

Bibliografische Information der Deutschen Nationalbibliothek:

Die Deutsche Bibliothek verzeichnet diese Publikation in der Deutschen National-
bibliografie; detaillierte bibliografische Daten sind im Internet über http://dnb.d-
nb.de/ abrufbar.

Dieses Werk sowie alle darin enthaltenen einzelnen Beiträge und Abbildungen
sind urheberrechtlich geschützt. Jede Verwertung, die nicht ausdrücklich vom
Urheberrechtsschutz zugelassen ist, bedarf der vorherigen Zustimmung des Verla-
ges. Das gilt insbesondere für Vervielfältigungen, Bearbeitungen, Übersetzungen,
Mikroverfilmungen, Auswertungen durch Datenbanken und für die Einspeicherung
und Verarbeitung in elektronische Systeme. Alle Rechte, auch die des auszugsweisen
Nachdrucks, der fotomechanischen Wiedergabe (einschließlich Mikrokopie) sowie
der Auswertung durch Datenbanken oder ähnliche Einrichtungen, vorbehalten.

Impressum:

Copyright © 2011 GRIN Verlag GmbH
Druck und Bindung: Books on Demand GmbH, Norderstedt Germany
ISBN: 978-3-640-99959-0

Dieses Buch bei GRIN:

http://www.grin.com/de/e-book/178021/papa-raschke-aus-dem-leben-des-johan-
nisthaler-holzhaendlers-konstrukteurs

GRIN - Your knowledge has value

Der GRIN Verlag publiziert seit 1998 wissenschaftliche Arbeiten von Studenten, Hochschullehrern und anderen Akademikern als eBook und gedrucktes Buch. Die Verlagswebsite www.grin.com ist die ideale Plattform zur Veröffentlichung von Hausarbeiten, Abschlussarbeiten, wissenschaftlichen Aufsätzen, Dissertationen und Fachbüchern.

Besuchen Sie uns im Internet:

http://www.grin.com/

http://www.facebook.com/grincom

http://www.twitter.com/grin_com

Dokumentenreihe zum Flugplatz Berlin-Johannisthal
1909-1914 – Heft 12

Alexander Kauther - Paul Wirtz

"Papa Raschke"

Aus dem Leben des Johannisthaler Holzhändlers,
Konstrukteurs und Flugzeugführers Gustav Raschke.

Heft 12
aus der Dokumentenreihe über den
Flugplatz Berlin-Johannisthal 1909-1914.

Papa Raschke

Aus dem Leben des Johannisthaler Holzhändlers, Konstrukteurs und Flugzeugführers Gustav Raschke (1885-1949).

Inhalt

Anmerkungen der Autoren

Der Johannisthaler Flugplatz - der erste zivile Motorflugplatz Deutschlands - existiert nicht mehr. Er hat 1945 mit der letzten Landung des Flugzeugs Lissunow Li-2 aus Moskau und 1995 mit einer historischen Flugschau endgültig ausgedient. Am 26. September 2009 wurde der 100. Jahrestag des ehemaligen Flugplatzes Adlershof-Johannisthal begangen.

Heute stehen viele neue Häuser auf dem Flugfeld und fast nichts erinnert mehr an diesen historischen Ort. Kennen die jetzt dort angesiedelten Haus- und Grundstückbesitzer die Geschichten, die mit den Straßen - benannt nach Luftfahrtpionieren - verbunden sind?

Der Johannisthaler Holzhändler Gustav Raschke, wegen seiner väterlichen Art „Papa Raschke" genannt, gehörte zu den 817 „Alten Adlern" und Pionieren der Luftfahrtgeschichte. Wir begannen zu recherchieren, nachzulesen und zeitgenössische Dokumente und Bilder zusammenzutragen, die Auskunft über das Leben des Flugzeugführers Gustav Raschke geben.

Besonderen Dank gilt seiner heute 90-jährigen Schwiegertochter, Hildegard Raschke, die uns 2008 sehr unterstützte und aus Erzählungen ihres Ehemannes und Sohn von Gustav Raschke berichten konnte.

Joachim Rahn aus Johannisthal und dem 86jährigen Dietrich Gott aus Bremerhaven danken wir sehr für die Bereitstellung von Hinweisen zur Familie Knape.

Berlin-Johannisthal, November 2012

<u>Gustav</u> Richard Friedrich Raschke

(Spitzname „Papa Raschke")

* 5. Oktober 1885 in Maskow/Kr. Köslin
+ 2. Januar 1949 im Berliner Sankt
Hedwig-Krankenhaus

Berufe	Kaufmann, Konstrukteur, Flugzeugführer
Firma	1923/24 Gründung des „Holzhandels- und Verarbeitungsbetrieb Knape & Raschke" in Johannisthal.
Flugschein	Flugzeugführererlaubnis Nr. 802 am 29. Juni 1914 des Deutschen Luftfahrer-Verbandes (DLV) auf seiner Eigenbau-Konstruktion.
Militärzeit	Dezember 1914 bis 7. September 1918 in der 1. Marine Land-Fliegerabteilung (MLFA)
Auszeichnung	7. September 1918 mit dem „Goldenen Militärverdienstkreuz"
wohnhaft	Berlin-Johannisthal, Friedrichstraße 57[1] und Trützschlerstr. 17

Seit 1906/1907 gab es in Johannisthal, auf dem Grundstück Friedrichstr. 57, eine *„Brennholz-Handlung"*, Inhaber *Friedrich <u>Fritz</u> Ernst Knape (1879-1930)*. Im Jahre 1923/24 zog er sich aus dem Geschäft zurück und sein Bruder *Julius Ernst <u>Otto</u> Knape (1884-1958)* gründete mit *Gustav Raschke* die Johannisthaler *„Holzhandel-Holzbearbeitung, Spezialgeschäft für Siedlungsbauten"*.

Der Holzplatz befand sich in der Friedrichstr. 24 (heute Winkelmannstr. 85). In den Grundbuchakten (Band III Blatt 67) waren die Holzhändler *Otto Knape* und *Gustav Raschke* am 25. September 1924 als Eigentümer eingetragen worden.
Die Holzhandlung lag günstig, und war direkt gegenüber dem Eingang 6 des neu gegründeten Flugplatzes.

---

[1] 1951 umbenannt in Winckelmannstraße, die Nummerierung der Häuser wurde später verändert.

Voreigentümer dieses Grundstücks waren:

- 15.10.1883 *Carl Friedrich Julius Beetz* und *Carl Ferdinand Hermann* **Beetz**
- 08.11.1888 *Johann Gottfried Pundt*
- 09.02.1918 Terrain Aktien-Gesellschaft
- 04.02.1922 *Fritz König*
- 20.02.1923 *Werner Wieting*

Im Bauaktenarchiv Treptow-Köpenick gibt es eine Baugenehmigung (Nr. 359 vom 14.10.1924) zum Neubau eines offenen Holzlagerschuppens, auf dem bisher unbebauten Grundstück von *Otto Knape* und *Gustav Raschke*.

Otto Knapes Sohn, <u>*Ernst*</u> *Fritz Albert Knape (1906-?)*, arbeitete später auch auf dem Holzplatz und seine Ehefrau <u>*Martha*</u> *Elisabeth Knape, geb. Senftleben (1906-1984)* in der dortigen Buchhaltung. Beide wohnten hinter dem Rathaus Johannisthal in der Fielitzstraße.
Der Vater des Holzhandels-Firmengründer *Otto Knape* war *Friedrich* <u>*Ernst*</u> *Knape (1851-1912)*. Seit 1886 bis zu seinem Tod war er als Schöffe in der Gemeindeverwaltung von Johannisthal tätig.[2]
Überliefert ist, dass die Ehefrau des Firmengründers *Fritz Knape, Frieda Knape, geb. Henkel,* genannt *„Oma Friedchen"*, mit einem Einspanner Kuchen nach Treptow in die Gaststätte *„Zenner"* brachte.

Ihre Tochter, <u>*Walli*</u> *Erna Knape (1902-1969)*, heiratete am 15. April 1922 den Kaufmann *Gustav Raschke*. Beide wohnten zunächst in der Friedrichstr. 57 (Winckelmannstr. 19) und ab 1935 in der Trützschlerstr. 17.

Quittung[3] aus dem Jahr 1934, unterzeichnet von Loebermann. Hierbei handelte es sich um die Tochter des Mitinhabers der Holzhandlung Otto Knape: <u>*Dora*</u> *Julie Marie Knape, verheiratete Loebermann.*

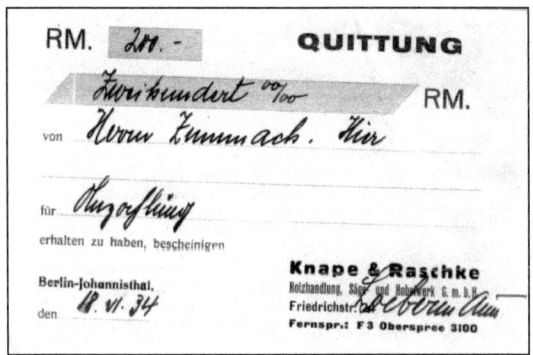

---

[2] Kurzdarstellung über die Familie Knape siehe Anlage 1, zusammengestellt von Joachim Rahn, Johannisthal.
[3] Museumsarchiv Treptow

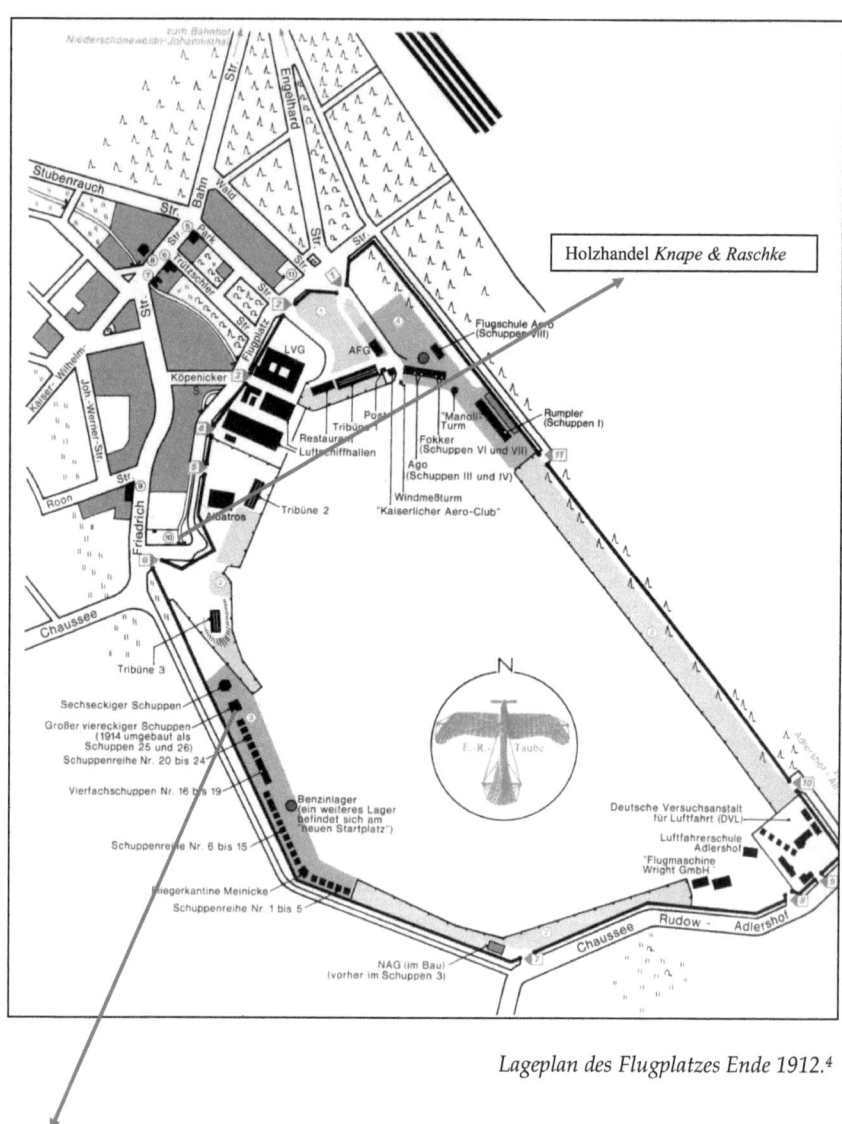

Holzhandel *Knape & Raschke*

Lageplan des Flugplatzes Ende 1912.[4]

Gustav Raschke mietete von 1913-1914 einen kleinen Teil des hinteren viereckigen Schuppens für den Bau seines Flugzeuges. Er „übernahm" den Schuppenteil der „Flugzeugwerke Föhn GmbH".

---

[4] Skizze aus dem Buch „Als die Oldtimer flogen", Die Geschichte des Flugplatzes Johannisthal, Günter Schmitt.

Gustav Raschke kannte in Johannisthal alle und alle kannten ihn! Wer Latten oder Leisten brauchte, kaufte sie in seiner Holzhandlung, denn bequemer ging es nicht. Kleinere Holzarbeiten auf dem Flugplatz ließ man gern von ihm ausführen. Und als er sah, was manche da zusammenbastelten, und dass manches davon am Ende gar noch flog, da wollte er es auch probieren.

Den Mut zum Versuch ohne konstruktive Richtwerte, ohne Fachbuch, ohne mehr vom Flugzeug zu wissen, als man beim Zuschauen sah, das hatte er.

Er suchte sich den finanziellen Teilhaber und Interessierten *Zieske*, und im Herbst des Jahres 1913 zog er mit ihm in die leerstehende Abteilung C des „Großen viereckigen Schuppens" am alten Startplatz ein, die seit 1912 die Werkstatt der *„Flugzeugwerke Föhn GmbH"* gewesen war. Anfang 1914 wurden durch Umbau daraus die Schuppen 25 und 26.

Flugplatzheft Nr. 7, 1913

Firma	Fabrik oder Fliegerschule	Wo gelegen?	Piloten	Signierung der Flugzeuge
Raschke & Zieske	Konstrukteure	Alter Schuppenplatz, gr. viereckiger Schuppen Abt. C		

Der Fußweg betrug über den Flugplatzeingang 6 drei Minuten bis zu seiner Holzhandlung und knapp zehn Minuten bis zu seiner Wohnung in der damaligen Friedrichstraße 58 (heute Winckelmannstraße).

In die Mieterliste der Flugplatzgesellschaft wurde eingetragen: *„Raschke & Zieske, Konstrukteure"*. Hier bauten sie nun ihren Flugapparat, nicht aus Holz, denn zu jener Zeit wurden die Rumpfrahmen längst aus Rohren zusammengeschweißt. Sie kauften Metallrohr in einem Durchmesser, den sie an anderen brauchbaren Flugzeugen sahen, kauften einen Motor und einen Propeller, bauten Tragflächen und bespannten sie mit Leinwand, schweißten den Rumpf zusammen. Weiteres Material aus alten Holzkisten und Stühlen verarbeiteten sie für den Bau des Flugapparats.

Gustav Raschke auf seiner Eigenbau-Konstruktion, mit der er 1914 auch die Flugzeugführererlaubnis erwarb. Er ähnelt sehr dem Föhn-Eindecker, den Albert Colombo auf der Herbstflugwoche 1913 flog.

Flugzeugführererlaubnis Nr. 802

Schließlich war der Eigenbau-Eindecker fertig. Dann kamen Rollversuche und erste Flugversuche. Ständige Reparaturen am Gitterrumpf, Rohrstücke, die immer wieder brachen, wurden herausgeschweißt und durch ein Stück von stärkerem Durchmesser ersetzt. So lange, bis bei Landungen nichts mehr riss. Nach einem halben Jahr war die Eigenbaukonstruktion flugtüchtig.

Flugzeugführererlaubnis Gustav Raschke [5]

Als er erst am 29. Juni 1914 die Flugzeugführererlaubnis Nr. 802 auf seinem selbstgebauten Eindecker erwarb, wies sein Fluggerät etwa 3000 (!) Schweißstellen auf.[6] In verschiedenen Luftfahrthistorischen Arbeiten zurückliegender Jahre wurden der Johannisthaler Holzhändler *Raschke* und sein Partner *Zieske* aus Niederschöneweide, als Gründer der *„Flugzeugwerke Föhn"* (z. B. bei Peter Supf) oder als Erbauer des *„Föhn-Eindeckers"* (z. bei Bruno Lange) angegeben. Beides ist nach Darstellung von *Günter Schmitt* unrichtig.
Er schrieb dazu:

„Ein Zusammenhang besteht lediglich darin, dass die „Föhn-Werkstatt" und „Raschke & Zieske" dieselbe Schuppenabteilung gemietet hatten. Und zwar nacheinander. Die „Flugzeugwerke Föhn GmbH" wurde im Jahre 1912 gegründet und mietete sich in die Abteilung C des „Großen viereckigen Schuppens" ein. Hinter diesem großen Fabriknamen verbargen sich zwei Konstrukteure, von denen vermutlich wenigstens einer Föhn hieß. Sie bauten einen Eindecker üblicher Bauart." Die Föhn-Werkstatt wurde nach Sorau (heute Lausitz/BL Brandenburg) verlegt.[7]

---

[5] Kopie im Besitz des Museums Treptow-Köpenick.
[6] „Als die Oldtimer flogen" , Die Geschichte des Flugplatzes Johannisthal von Günter Schmitt.
[7] Ebenda, Seite 60.

Die „Föhn-Flugzeugwerke und der Italiener Albert Colombo

Raschkes Flugapparat wurde von dem Italiener *Albert Colombo* eingeflogen. Seine Flugzeugführererlaubnis erwarb er um 1910 in der Schweiz. Colombo ist in Johannisthal geboren, war an der Konstruktion des Föhn-Eindeckers beteiligt und arbeitete im Herbst 1913 als Schauflieger in Kopenhagen.

Albert Colombo

Es kann sein, dass *Raschke & Zieske* den Bau finanziert oder den unfertigen *„Föhn-Eindecker"* zu Ende gebaut haben. Zur Herbstflugwoche vom 28. September bis 5. Oktober 1913 war ein Flugapparat mit der Bezeichnung *„Zieske-Eindecker"* und mit dem italienischen Flieger *Albert Colombo* angemeldet. *Raschke* und *Zieske* hatten zu dieser Zeit keine Flugberechtigung. Dieser Flugapparat und auch der *Föhn-Eindecker* hatten einen 37 kW (50 PS) Argus-Motor, bespannten Rumpf und gute Flugeigenschaften.[8]

Zieske soll mit dem *„Föhn-Eindecker"* 1914 seine Pilotenprüfung abgelegt haben. In verschiedenen Flugzeugführerverzeichnissen ist *Zieske* aber nicht enthalten.

Albert Colombo auf „Föhn-Eindecker".[9]

Am 1. Januar 1914 trat daher eine neue „Luftverkehrsordnung des Deutschen Luftfahrer-Verbandes" in Kraft, die erstmals Vorschriften für das Anbringen von Erkennungszeichen an Freiballonen, Luftschiffen und Flugzeugen enthielt. Danach musste sich jeder Flugzeugeigentümer zunächst eine Buchstabenkombination auswählen, die dann zukünftig zur Kenntlichmachung aller in seinem Besitz befindlichen Luftfahrzeuge diente. Mit dem Ausbruch des Ersten Weltkrieges im August 1914 verlor dieses Kennzeichnungssystem praktisch seine Bedeutung, da es keinen zivilen Luftverkehr mehr in Deutschland gab.

➤ Eingetragen war *FN = A. Colombo (Flugzeugwerke Föhn, Sorau/Schlesien.*[10]

---

[8] Typenhandbuch der deutschen Luftfahrt von Bruno Lange, Seite 19
[9] „Flugsport" Nr. 20 vom 1. Oktober 1913, Seite 744
[10] www.adl-luftfahrthistorik.de/dok/Zulassung_Kennzeichnung_1.pdf

1913 - Der „Föhn-Eindecker". In den Büchern von Peter Supf und Günter Schmitt wird beschrieben, dass es sich vor dem Flugzeug um Gustav Raschke und Zieske handeln soll. Das ist lt. Auskunft der Schwiegertochter Hildegard Raschke vom 19. April 2008 <u>nicht</u> richtig. Es werden vermutlich die Erbauer des „Föhn-Eindecker" sein. Die Aufnahme entstand hinter der Haupttribüne am neuen Startplatz.

1913 - Der „Föhn-Eindecker" aus einer anderen Perspektive aufgenommen.

Links Gustav Raschke auf seinem Eigenbau (Weiterentwicklung des Föhn-Eindecker?), rechts Zieske. Mit diesem Flugapparat erwarb Gustav Raschke seine Flugzeugführererlaubnis.[11]

---

[11] Sammlung Thomas Fessler, Schweiz

Das Jahr 1914-1918: Die Militärzeit von Gustav Raschke

Gustav Raschke begann seine Militärzeit bei der 1. Marine Land-Fliegerabteilung (1. MLFA), in der er vermutlich bis zum 7. September 1918 an der Westfront diente. Sie zog zunächst nach Snaeskerke, dann nach Mariakerke (Belgien-Flandern), um das Marine-Korps an der Yser zu unterstützen.[12]

Am 07. September 1918 erhielt *Gustav Raschke* das „Goldene Militärverdienstkreuz".

Das „Goldene Militär-Verdienstkreuz" ist von König Wilhelm I. von Preußen am 27. Februar 1864 gestiftet worden. Gleichzeitig wurden die bis dahin verliehenen Militär-Ehrenzeichen 1. und 2. Klasse abgeschafft. Das „Goldene Militär-Verdienstkreuz" war vorgesehen „zur Auszeichnung für Verdienste vor dem Feinde, welche sich Militärpersonen vom Feldwebel abwärts erworben haben".

Die in der Folge als „Pourle Mérite für Unteroffiziere" bezeichnete Dekoration ist erstmals im Krieg 1866 verliehen worden. Da während des Ersten Weltkrieges insgesamt nur 1763 solcher Verdienstkreuze überreicht wurden, gehört es mit zu den seltensten Auszeichnungen Preußens.

Gustav Raschke 1918 auf seinem Balkon in der Friedrichstraße 57. Das Haus links mit der damaligen Nr. 4 (heute Nr. 14) steht noch.

---

[12] Küstenfluss im Grenzgebiet zwischen das französische und belgische Flandern. Hier fanden zwischen 1914-1918 die sogenannten Flandernschlachten statt.

Das Jahr 1920

Am 21. Mai 1920 wurde die *„Johannisthaler Filmanstalten GmbH"* (JOFA) gegründet und erhielt von den *Albatros-Flugzeugswerken GmbH* eine Flugzeughalle.

Auf dem Industriegelände des Flugplatzes dominierten ausländische Kapitalgesellschaften. Einige kleine Flugzeugkonstrukteure arbeiteten in diesen Jahren ungestört in Johannisthal weiter.

Dazu gehörten:
- *„Willi Gabriel Aeroplanbau"* (1912 in Bromberg gegründet, ab 1928 in Johannisthal). Dort wurden sechs Sportflugzeugtypen gebaut.
- *„F. H. Hentzen und Walter Blume"* (sie bauten zwei Leichtflugzeuge in den Jahren 1923/24)
- *„Walter Rieseler, Konstrukteur"* (er baute und erprobte mit Erfolg einen Kleintragschrauber und zwei Kleinhubschrauber)
- *„Sportflugzeugbau Karl Stübing"* (etwa im Jahre 1921 entstand ein Sportdoppeldecker)
- *„Vagel-Grip-Flugzeugbau"* (existierte auf dem Flugplatz von 1924 bis 1931).

Ansonsten boten in aufgerichteten Holzbuden etliche Konstrukteure ihre Dienste zur Konstruktion und zum Bau von Flugmodellen und kleinen Segelflugzeugen an.

In einem Schuppen hatte *„Papa Raschke"* einen zusammengebauten *LVG-Doppeldecker* (Luft-Verkehrs-Gesellschaft) untergestellt.

Gelegentlich flog er damit in der Nähe des Flugplatzes umher, mitunter erhielt er auch einen Auftrag von der *„Jofa"* für Fliegerszenen in Spielfilmen.

Überliefert sind mehrere Fotos *Gustav Raschkes* mit dem Schauspieler *Hans Albers*, der einige Filme in den Studios der JOFA und später der TOBIS in Berlin-Johannisthal drehte. *Hans Albers* und *Heinz Rühmann* drehten 1930/31 die moderne Filmoperette „Bomben auf Monte Carlo" oder *Hans Albers* 1932 den Film „F.P.1. antwortet nicht" mit dem berühmt gewordenen Lied „Flieger grüß mir die Sonne".

Der fliegerische Teil des Films entstand unter Mitwirkung der Deutschen Fliegerschule.

Hans Albers im „Film F.P.1. antwortet nicht".

Die Fotos auf den nachfolgenden Seiten entstanden während der Filmaufnahmen mit *Hans Albers.*

Gustav Raschke (rechts) mit dem Schauspieler Hans Albers in Johannisthal am Flugzeug.

Gustav Raschke in seinem LVG-Doppeldecker-Flugzeug für Filmaufnahmen.

Gustav Raschke (2. von links) bei Filmaufnahmen mit Hans Albers (3. von links).

Hans Albers bei Dreharbeiten in München.

Fliegergaststätte Franz Tolinski in Johannisthal

Mit der Eröffnung des Flugplatzes entstand in der „Fliegergaststätte Tolinski" eine Ausstellung, die sich ab 1912 als „Aviatisches Museum" präsentierte.
Im „Flieger-Heim" befand sich eine Sammlung von Reliquien aus verhängnisvollen Aeroplan- und Ballonkatastrophen.

Sämtliche freie Wand- und Deckenflächen waren behangen mit allerlei Gegenständen. Vom Propeller, Räder, Sitze, Reste von Tragflügeln und Flugschrauben bis zur kompletten Tragfläche war alles in dieser bezeichneten Ausstellung vorhanden.

Das *Aviatische Museum Tolinski* war die damals umfangsreichste Sammlung dieser Art in Deutschland und wurde 1932 als „Tolinski-Sammlung" in die Deutsche Luftfahrt-Sammlung, Berlin, vorerst in Hallen auf dem Adlershofer Teil des Flugplatzes, eingegliedert. Das Sammlergenie *Franz Tolinski* zeigte Reste historisch gewordener Fliegerbrüche.

Bei *Tolinski* kehrten vorwiegend Flugzeugmechaniker, Besucher des Flugplatzes, Angestellte und Gäste der *JOFA AG*, Mitglieder der Freiwilligen Feuerwehr und ab 1930 Mitglieder der SG „Sportfreunde Schöneweide-Johannisthal 1930" ein.

Die Flugpioniere verkehrten überwiegend in ihrem Fliegercafe „Max Senftleben", aber auch im „Bürgergarten" welches sich direkt gegenüber vom Fliegercafe befand.
Zu den Gästen im „Flieger-Heim" gehörte auch *Amelie Hedwig (Melli) Beese (1886-1925)*, die erste Fliegerin Deutschlands. Stammgast war sie aber im „Fliegercafe Max Senftleben" in der damaligen Kaiser-Wilhelm-Straße 50/Ecke Parkstraße 16 (heute Sterndamm/Ecke Königsheideweg). Hier spielte sich das Leben der Flugzeugführer und der besseren Gesellschaft ab.[13]
Gustav Raschke kannte auch *Melli Beese*. Durch seine Holzhandlung waren viele Flugzeugbauer bei ihm auch Kunden.
Zu *Franz Tolinski* hatte *Gustav Raschke* auch freundschaftliche Kontakte, er war oft Gast im Restaurant und dort fanden auch einige Versammlungen statt.

---

[13] Heft 2 „Flieger-Heim Tolinski", und Heft 3 „Fliegercafe Senftleben", aus der Dokumentenreihe über den Flugplatz Berlin-Johannisthal 1909-1914.

Restaurant „Einsiedler" und die Resolution von 1927

Aber auch das Restaurant „Einsiedler"[14] hatte für die Flugzeugpioniere eine Bedeutung.

Ansichtskarte 1901 vom „Einsiedler"   Ansichtskarte 1915 vom „Einsiedler"

Über den „Einsiedler" berichtete der durch den ersten Ost-West-Atlantikflug mit der „Junkers W 33 Bremen" bekannt gewordene *Ehrenfried Günther Freiherr von Hünefeld (1892-1929)*:

„Dieses nette kleine Waldrestaurant hatte eine Sehenswürdigkeit, die ihresgleichen suchte, die sogenannte Schreckenskammer. In diesem Raum war alles an fotografischem Material zusammengetragen, was überhaupt von Flugzeugunfällen zu erlangen gewesen war,

und unvergesslich ist mir noch die vergrößerte Fotografie eines Bildes, das sich „Täubchens-Feuertod" nannte und ein in Brand geratenes Rumpler Flugzeug darstellte, eine ebenso seltene wie grausige Aufnahme. Teile abgestürzter Flugzeuge, teils vom Motor, teils von dem Apparat oder Propeller herstammend, schmückten dieses Zimmer und schwachnervige Leute konnten bei dem Anblick dieses kleinen Raumes schon das Gruseln lernen und sich mit Schaudern für immer von der Fliegerei abwenden."

Freiherr von Hünefeld

Absturzbild der brennenden „Rumpler Taube".

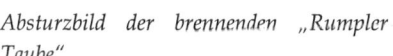

---

[14] Das Restaurant „Einsiedler" von Anna Bortz, ein typisches Berliner Gartenlokal am Sterndamm, befand sich im Sterndamm auf der einstigen Promenadenseite, etwa auf der Höhe des Staudenweges. Erbaut wurde das Restaurant etwa um 1890. Anfang der 40er Jahre brannte die Gaststätte in Folge von Kriegseinwirkungen ab.

Im August 1927 versammelten sich dort Bürger, Flugzeugführer, Handwerker, Arbeiter, Gewerbe- und Handelstreibende von Johannisthal, Adlershof, Altglienicke Nieder- und Oberschöneweide, um ihren Protest zu erheben gegen die Neueinrichtung eines Vorflugplatzes in Britz oder Rudow und gegen die Verlegung der „Deutschen Versuchsanstalt für Luftfahrt (DVL)" von Adlershof.

Der Protest wurde in zwei Resolutionen an das Reichsverkehrsministerium, an den Magistrat Berlin und an die Stadtverordnetenversammlung Berlin adressiert.
Zu den Unterzeichnern gehörten der Stadtverordnete *Rudolf Zahn*, der Flugführer *Gustav Raschke*, der Flugplatzfotograf und Bürgerdeputierte *Franz Fischer*, der Schriftsteller und Journalist *Gustav E. Macholz (1879-1957)* und verschiedene Vereine der Haus- und Grundstücksbesitzer.

Franz Fischer
Johannisthal-Berlin
Kaiser Wilhelmstrasse 47 [III.]

Offizieller Fotograf des Flug-
platzes Johannisthal - Berlin

Mitarbeiter der illustrierten Presse
des In- und Auslandes

Flugplatzfotograf Franz Fischer[15]

---

[15] Buch „Deutsche Fluggeschichte", Peter Supf

Berlin-Johannisthal, den 3. August 1927.

Resolution

An das

Reichsverkehrsministerium, den Magistrat Berlin, die Stadtverordnetenversammlung Berlin usw.

Die heute in Johannisthal im Restaurant „Einsiedler" versammelten Bürger, Flugzeugführer, Handwerker, Arbeiter, Gewerbe- und Handelstreibenden von Johannisthal, Adlershof, Altglienicke, Nieder- und Oberschöneweide erheben feierlichst Protest gegen die Neueinrichtung eines Vorflughafens in Briz oder Rudow und gegen die Verlegung der Deutschen Versuchsanstalt für Luftfahrt von Adlershof.

Nachdem Johannisthal-Adlershof den schönen Waldbestand zugunsten des Flugwesens geopfert haben und selbst ein Teil der Flugplatzgebäude und Luftfahrtzeugnisse dem Versailler Vertrag zum Opfer gefallen ist, soll nunmehr der deutsche Flugplatz, der die Wiege des deutschen Flugwesens ist und die ruhmreichste Vergangenheit hat, beseitigt werden.

Wir fordern im Gegenteil, daß der Flugplatz Johannisthal-Adlershof erhalten bleibt, von der Stadt oder der Staatsregierung käuflich erworben, für das täglich mehr erstarkende Flugwesen ausgebaut wird. Nur auf diese Weise kann die schwer ringende Gesamtbevölkerung vorgenannter Groß-Berliner Gemeinden vor weiterer Arbeitslosigkeit bewahrt und dem Handels- und Gewerbetreibenden ihre Existenzmöglichkeit erhalten bleiben.

Es ist außerdem dringendste Dankespflicht des Deutschen Reiches, all den Männern, die auf dem Flugplatz Johannisthal-Adlershof ihr Leben für die Fortentwicklung des deutschen Flugwesens ließen, auch an der Stelle, die die Geburtsstätte der deutschen Fliegerei war, ein Denkmal zu setzen, und sei es nur durch die Beibehaltung der Stätte, an der diese Männer aus allen Volkskreisen und deutschen Landen im Leben gewirkt haben, im Tode vereint worden.

Rudolf Zahn   Franz Fischer   Gustav E. Macholz
Stadtverordneter   Bürgerdeputierter   Schriftsteller

Emanuel Deutscher
1. Vorsitzender des Haus- und Grundbesitzer-Vereins Berlin-Johannisthal

Haus- und Grundbesitzer-Verein Adlershof
gegr. 1904
i. A.: Suppas

Neuer Haus- und Grundbesitzer-Verein
Altglienicke 1902
i. A.: Seidel

Raschke   Flugsportliche Rundschau
Flugführer

Haus- und Grundbesitzer-Verein Falkenberg-
Altglienicke
i. A.: Grigoleit

Verein der Hausbesitzer Berlin-Altglienicke
i. A.: Will

Auszug aus der Resolution[16]

Berlin-Johannisthal, den 24. August 1927.

Resolution

An das

Reichsverkehrsministerium, den Magistrat der Stadt Berlin, die Stadtverordnetenversammlung usw.

Die heute im Restaurant „Einsiedler" in Johannisthal versammelten Einwohner von Johannisthal, Adlershof, Altglienicke, Briz, Nieder- und Oberschöneweide fordern nach Anhörung der eingehenden Referate des Stadtverordneten Zahn, des Schriftstellers Gustav E. Macholz und des Kaufmanns Fischer:

1. daß die Stadt Berlin die Vormacht, die sie auf dem Gebiet der Luftfahrt bisher innegehabt hat, unter allen Umständen weiter sichert und stärkt;
2. daß der Berliner Magistrat, die Berliner Stadt- und Bezirksverordneten dem Beispiel von Hamburg, Bremen und Köln folgend, schleunigst größere Summen für die Förderung der deutschen Luftfahrt, insbesondere die Berliner Verkehrs- und Landeplätze, einsetzen bzw. bewilligen;
3. daß die Stadt Berlin sofort den noch in Privateigentum befindlichen Flugplatz Johannisthal-Adlershof erwirbt und der Berliner Flughafen-Gesellschaft m. b. H. zu voller Inbetriebnahme übergibt;
4. daß die Stadt Berlin, ihr Magistrat und die Stadtverordnetenversammlung die 400 Angestellte, Dozenten und Arbeiter beschäftigende wertvolle Deutsche Versuchsanstalt für Luftfahrt Berlin und den Flugplatz Johannisthal-Adlershof erhält, eventuell durch schleunigstes weitestgehendes Entgegenkommen hinsichtlich Errichtung besonderer Neubauten in Johannisthal oder Adlershof verhütet, daß Angebote anderer Stadtverwaltungen von der verantwortlichen Leitung der D.V.L. vorgezogen werden;
5. daß die Stadt Berlin das Projekt Briz endgültig fallen läßt, weil sowohl die Bezirksversammlungen

Treptow und Neukölln als auch der Siedlerverein und die großen Krankenhäuser gegen die Errichtung der D.V.L. auf dem vorgesehenen Terrain entschiedensten Einspruch erhoben haben;

6. daß das dafür zuständige Ministerium eventuell den bisherigen Eigentümer des Flugplatzes Johannisthal-Adlershof enteignet, wenn in Güte keine Einigung mit demselben zu erzielen ist;
6a. daß dem zur Wahrung der Interessen des Bezirks 15 (in dem der Flugplatz Johannisthal-Adlershof liegt) berufenen Bezirksamt, seinem Bürgermeister und der Bezirksversammlung Berlin-Treptow sofort beim Oberbürgermeister unbedingt Gelegenheit zu mündlicher Verhandlung und Begutachtung aller den Flugplatz Johannisthal und eine Verlegung der D.V.L. betreffenden Fragen gegeben wird.

Rudolf Zahn   Franz Fischer   Gustav E. Macholz
Stadtverordneter   Bürgerdeputierter   Schriftleiter

Emanuel Deutscher
1. Vorsitzender des Haus- und Grundbesitzer-Vereins Berlin-Johannisthal

Haus- und Grundbesitzer-Verein Adlershof
gegr. 1904
i. A.: Suppas

Neuer Haus- und Grundbesitzer-Verein
Altglienicke 1902
i. A.: Seidel

Raschke   Flugsportliche Rundschau
Flugführer

Haus- und Grundbesitzer-Verein Falkenberg-
Altglienicke
i. A.: Grigoleit

Verein der Hausbesitzer Berlin-Altglienicke
i. A.: Will

Es folgen 855 Unterschriften aus allen Kreisen der Bevölkerung, und zwar von Angehörigen der verschiedenen politischen und gewerkschaftlichen Richtungen. Weitere Unterschriften werden gesammelt.

---

[16] Museumsarchiv Berlin-Treptow.

Das Jahr 1930

In den Folgejahren gab es mehrere Treffen der „Alten Adler".[17] Das waren die Flugpioniere, die Fluggeschichte geschrieben haben. Sie schlossen sich im Johannisthaler Flieger-Club, kurz „Johflieg" genannt, zusammen, pflegten die Tradition und flogen auf einem LVG-Doppeldecker, der unter Führung von Raschke und Passagieren von Zeit zu Zeit über Berlin seine Kreise zog.[18]

Gustav Raschke mit seinem LVG-Doppeldecker, Kennung D 428. Es handelt sich um die Aero-Sport-S I, Werknummer 110. Sie gehörte der Firma Aero Express in Leipzig, bevor sie im Oktober 1931 in den Besitz des Flieger Clubs Johannisthal kam. Die S I waren bei der Firma Aero-Sport hier in Warnemünde gebaute LVG B III Schulflugzeuge. Die Firma Aero-Sport gehörte dem alten Marineflieger Walther Bachmann.
Das Foto rechts zeigt ein Treffen auf einem Flugplatz in den 30er Jahren. Gustav Raschke steht ganz rechts, angelehnt an einen LVG-Doppeldecker.

LVG Doppeldecker, Kennung D-428 mit Gustav Raschke und Passagier.

---

[17] Am 16.9.1927 haben sich in Berlin 64 ehemalige Piloten zu einem Stammtisch getroffen und gründeten die Traditionsgemeinschaft „Alte Adler". Bedingung für die Mitgliedschaft waren der Erwerb des Flugzeugführerpatents vor dem Ersten Weltkrieg (1.8.1914).
[18] Amtsblatt des Deutschen-Luftsport-Verbandes (DVL) „Luftschau", 6. Jahrgang, Nr. 9 vom 15. Oktober 1933, Seite 295.

Bisher erkannte Personen von links nach rechts:

1 *Albert Mühlig-Hoffmann* (1886-1980)
3 *Hermann Köhl* (1888-1938)
4 *Alexander Graf v. Bismarck* (1897-1977), Militärfliegerzeugnis 17. Januar 1914[19]
6 *Gerhard Sedlmayr* (1891-1952), FAI Nr. 162 vom 20. Februar 1912
8 *Gustav Raschke* (1885-1949), FAI Nr. 802 vom 29. Juni 14

In der Zeitschrift „Flugsport" Nr. 10 vom 14. Mai 1930 wurde berichtet:

„Der Flugplatz Johannisthal ist wieder in Betrieb genommen worden. Es ist ein Verdienst von Gustav E. Macholz[20], welcher unermüdlich für eine Wiederaufnahme des Flugbetriebes in Johannisthal eingetreten ist. Zur Zeit werden umfangreiche Planierungsarbeiten vorgenommen und der Platz neu eingesät. Der Eingang 6 auf der Johannisthaler Seite wird für das Publikum und die Flugzeuge hergerichtet. Unabhängig von der Flugplatzverwaltung hat sich aus der Mitte der Eingesessenen des Bezirks eine Arbeitsgemeinschaft zur Förderung des Flugplatzes Johannisthal-Adlershof gebildet, kein Verein, sondern freiwillig begründet von Männern und Frauen, die guten Willens sind, den weltberühmten Sportflugplatz zu fördern und selbstlose Hilfe zu leisten. Als Treuhänder der Arbeitsgemeinschaft wirkt Flugzeugführer und Holzhändler Raschke.

---

[19] „Flugsport", Nr. 3 vom 4. Februar 1914, Seite 110
[20] Gustav E. Machholz (1879-1957), Luftfahrt-Fachschriftsteller, Pseudonym Gustav Westphal.

Zur Werbung und zur Auskunftserteilung hat sich Schriftsteller Gustav E. Macholz, Berlin-Johannisthal, Kaiser-Wilhelm-Straße 45, bereit erklärt. Hoffentlich wird auf dem Flugplatz Johannisthal bald wieder ein reger Flugbetrieb einsetzen".[21]

Ansichtskarte aus dem Jahre 1915.
Rechts der Eingang 6 des Flugplatzes (heute Stubenrauchstr./Ecke Straße am Flugplatz) im Jahre. Links die damalige Friedrichstraße.

Weiter hieß es in der Zeitschrift „Flugsport", Heft 11 vom 28. Mai 1930:

„Erste Johannisthaler Wiedersehenstage am 9. und 10. Juni. Unter dem Leitgedanken für „Johannisthal, deutschen Flugsport und deutschen Flugrekord!" finden am 9. und 10. Juni d. J. Fliegerwiedersehenstage im alten Johannisthal statt.
Die gesamte Veranstaltung liegt in den Händen der „Arbeitsgemeinschaft zur Förderung des Flugplatzes Johannisthal". Anmeldungen von flugsportlichen Vereinen, Abordnungen und Einzelpersonen sind an den ehrenamtlich Beauftragten, den Schriftsteller Gustav E. Macholz, Berlin-Johannisthal, Kaiser-Wilhelm Straße 45, zu richten".[22]

---

[21] „Flugsport" 1930, Heft 10.
[22] ebenda, Heft 11.

Aufnahme aus dem Jahre 1934. Ein weiteres Treffen der „Alten Adler" in Johannisthal.
Von rechts nach links:

1 Walter Gott (1898-1945)
3 Gustav Raschke
7 könnte Walter Mackenthun (1882-1948) sein[23]
8 Hanna Reitsch (1912-1979)

---

[23] Walter Mackenthun war zu diesem Zeitpunkt der Geschäftsführer der Traditionsgemeinschaft „Alte Adler"

Fliegergedenktag auf dem Flugfeld

Am Sonntag, den 29. Juni 1930 fand auf dem Flugplatz Johannisthal ein Fliegergedenktag statt. Die „Arbeitsgemeinschaft zur Förderung des Flugplatzes Johannisthal" mit seinem Vorsitzenden *Gustav E. Macholz* und dem Johannisthaler Holzhändler *Gustav Raschke* waren die Organisatoren der Veranstaltung.

Im Mittelpunkt stand die Enthüllung eines „Fliegergedenksteins" mit der Inschrift:

„Unsern in Johannisthal gefallenen Flugpionieren"

auf dem alten Startplatz des Flugfeldes.

Die Deutsche Allgemeine Zeitung Berlin vom 30. Juni 1930 schrieb darüber:

„Auf dem Luftweg waren zahlreiche Gäste zu der Feier eingetroffen. Von den alten Fliegern hatten sich aus allen Teilen des Reiches Kameraden eingefunden. Die Deutsche Lufthansa, der Ring deutscher Flieger und die Kameradschaftliche Vereinigung der Marineflieger und Luftschiffer hatten Abordnungen mit Kränzen entsandt.
*Regen Anteil nahm auch die Bevölkerung von Johannisthal und Umgebung an der eindrucksvollen Feier. Der Aufmarsch der Verbände vom Bahnhof Niederschöneweide-Johannisthal zum Flugplatz bot ein geschlossenes Bild. Um 10 Uhr fand dann auf dem Flugplatz ein Feldgottesdienst statt, bei dem Geistliche aller drei Konfessionen sprachen, für die Evangelischen **Pfarrer Witzig**, für die katholischen **Pfarrer Esser** und für die jüdischen Teilnehmer **Rabbiner Dr. Baeck"*.[24]

Die Einweihung des Flieger-Gedenksteins[25]

---

[24] Dr. Leo Baeck (1873-1956)
[25] Foto von der Fliegerstein-Enthüllung vom Archiv des Deutschen Technik Museums Berlin, Nachlass des Pressefotografen Hans Schaller, der sich der Dokumentation der Luftfahrt gewidmet hatte (Archivnummer VI.1.040/1923).

Bürgermeister Julius Grunow[26] vom Bezirksamt Treptow übernahm das Denkmal in städtische Obhut. Am Nachmittag wurden in Johannisthal Kunstflüge und Fallschirmsprünge vorgeführt. Besondere Beobachtung fand der Aufstieg eines Montgolfier-Ballons in historischer Aufmachung.

Im Heft 22 „Der Gedenkstein am alten Startplatz auf dem Flugplatz Johannisthal 1930" aus der Dokumentenreihe über den Flugplatz 1909-1914 wird ausführlicher über die Veranstaltung berichtet.

Einweihung des Flieger-
.Gedenksteins.

---

[26] Julius Grunow (11.1.1873-10.12.1960), vor dem ersten Weltkrieg Gemeindevertreter, nach Inkrafttreten des Groß-Berliner-Gesetz am 1.10.1920 wurde Treptow 15. Verwaltungsbezirk und er der erste Bürgermeister (USPD/SPD) bis zur zwangsweisen Amtsentfernung am 16. März 1933. Foto Museumsarchiv Treptow.

Das Jahr 1933

Gustav Raschke beteiligte sich an der Gründungsfeier 180 Jahre Johannisthal vom 30. September bis 2. Oktober 1933 in Johannisthal. Im Programmheft war er mit zwei weiteren Fliegern im Festausschuss und verantwortlich für die am 30. September stattgefundenen Flugveranstaltungen auf dem Flugfeld.

Hauptausschuß
Otto P r o ch n o w, Ernst von Bomsdorff, Friedrich Schulte, Reinhold Grabert, Arthur Schwarz, Joseph Rosteck.

Finanz
Franz N y n ck e , Gustav Blenk, Hermann Mollenhauer.

Presse
Paul S ch ü tz e , Hermann Dreusicke, Hans Schütze.

Propaganda
Hugo S ch m i d t , Reinhold Triloff, Otto Hahn.

Ausstellung und Festschauspiel
Oskar S ch u t t o w s k i , K. W. Busch, Wolf Poetter, Heinrich Retemeyer, Reinhold Grabert.

Aufmärsche und Festzug
Wilhelm K u d e , Emil Milling, Hans Kiesler, Hermann Reinicke, Erich Torno.

Festwiese
Gustav S ch u l tz , Robert Busch, Alois Komischke, Georg Tönnigs, Ernst Schirrmann, Franz Tolinski, Georg Wittenberg.

Ausschmückung des Ortes
Reinhard O e h m e n , Walter Cordes, Joseph Rosteck, Antonie B u s ch , Charlotte Göldner, Elisabeth Maerker, Charlotte Zebe, Marie Zank.

Sport, Spiele, Volkstänze
Paul K o h l , Alfred Schmidt, Franz Weidlich, Friedrich Schuleit.

Flugveranstaltungen
Heinrich B r a ch t , Gustav Raschke, Karl Müller.

Musikalische Veranstaltungen
Richard P a u l , Gustav Roß, Hermann Dreusicke.

Das Büro der Festleitung befindet sich im „Lindenhof", Friedrichstr. 61. Fernruf: F 3 Oberspree 0616. Dort werden alle Auskünfte erteilt.

F a h r v e r b i n d u n g : S - Bahn bis Berlin-Schöneweide, Straßenbahnen 69, 87, 91, 95, 187.

2

Auszug aus dem Programmheft 1933.

Führung durch die Betriebe

der Firma Ambi = Budd Preßwerk G. m. b. H.

Anmeldungen zur Teilnahme im Festbüro, Friedrichstraße 61.

———

Flugveranstaltungen.

Modellwettfliegen

der Johannisthaler Jungflieger am Sonnabend, dem 30. Sept., 17 Uhr
auf der Festwiese.

Fallschirmabsprünge

Rettung aus Gefahr in der Luft, ausgeführt von dem Johannisthaler
Fallschirmprüfer im Reichsamt für Flugsicherung, Herrn Klar und dem
Piloten Herrn Willy E. Plath, am Sonntag, dem 1. Oktober, nach=
mittags, wahrscheinlich über der Festwiese.

Sport= und Rundflüge

an allen Tagen des Festes mit Flugzeugen verschiedener Typen, teil=
weise geführt von alten Johannisthaler Vorkriegsfliegern und dem
Piloten Herrn Willy E. Plath.

Die Starts zu den Rundflügen erfolgen auf dem Flugplatz. Kraft=
wagen vermitteln den Verkehr zwischen Festwiese und Flugplatz. Stand
der Kraftwagen im Königsheideweg beim Lichtspielhaus „Astra".

Segelflüge.

Bei günstigen Windverhältnissen werden Segelflüge über dem
Flugplatz ausgeführt.

12

Auszug aus dem Programmheft 1933.

Papa Raschke mit seiner Maschine, LVG Doppeldecker D 428 auf dem Flugfeld.[27]

---

[27] Zeitschrift „Die Woche", 1933

Über die Familien von Gustav Raschke und Walli Knape

Gustav Raschke war seit 1922 mit <u>*Walli* Erna</u>, geborene *Knape (1902-1969)* verheiratet. Aus der Ehe *Gustav und Walli Raschke* gingen 2 Kinder hervor. Der Sohn *Frank Raschke* starb im Alter von fünf Jahren (keine weiteren Angaben). Der zweite Sohn *Heinz Raschke (1923-2006)* wurde schon sehr früh von seinem Vater auf den Flugplatz mitgenommen und für die Fliegerei begeistert.

Als Soldat im Zweiten Weltkrieg eingezogen, wurde *Heinz Raschke* nach Russland kommandiert. Den „guten Beziehungen" seines Vaters war es zu verdanken, dass er aus Russland zurückgeholt wurde, um im Sinne seines Vaters eine Fliegerausbildung in Deutschland zu absolvieren. Er legte den Pilotenschein ab und wurde Messerschmitt-Kampfflieger.

Gustav Raschke mit seinem Sohn Heinz am Flugzeug um 1930.

1946 kam *Heinz Raschke* aus englischer Gefangenschaft, verlobte sich 1946 und heiratete 1949 in Berlin. Es war eine sogenannte Haustrauung in der Winckelmannstraße 21, dem damaligen Wohnsitz der gesamten Familie *Raschke*. Das Haus mit vier Stockwerken und dem dazugehörigen hofseitigen Grundstück war das geerbte Eigentum von *Gustav Raschke*. Der damalige Johannisthaler evangelische von 1940-1956, *Pfarrer Fritz Sasse*, führte die Trauung von *Heinz und Hildegard Raschke, geb. Neumann (geb. 1922)* in ihrer Wohnung durch.

Heinz Raschke studierte Architektur. Bis zu seinem Tod 2006 brach sein Interesse an der Fliegerei nie ab.

Heinz Raschke 1943

Zweiter v. rechts: Heinz Raschke neben einer „Messerschmitt, Typ Bf 109 K-4/R3" aus dem Jahre 1944.

Rechts: Heinz Raschke

Mors est quies viatoris -
finis est omnis laboris

Der Tod ist die Ruhe des Wanderers -
er ist das Ende aller Mühsal.

Am Sonnabend, dem 29. Juli 2006, starb
mein lieber Mann, Vater und Großvater

Heinz Raschke

im Alter von 82 Jahren in seinem Johannisthal.

Traurig nehmen Abschied

**Hildegard Raschke
Michael und Heidrun
Ragna, Saskia und Nora
sowie alle Angehörigen**

Herrenhausstr. 16,
12487 Berlin

Die feierliche Urnenbeisetzung ist am Donnerstag,
dem 24. August 2006, um 12.00 Uhr auf dem Friedhof
Baumschulenweg, Kiefholzstr. 221, in 12437 Berlin.

1949 - Hochzeitsfoto Heinz und Hildegard Raschke[28]

1. <u>Frieda</u> Emma Knape, geb. Henkel (1882-?)
2. Franz Neumann, Vater von Hildegard Raschke, die Familie kommt aus Ostpreußen
3. Hildegard Raschke, geb. Neumann (1922-)
4. Heinz Raschke (1923-2006)
5. Marie Neumann, Mutter von Hildegard Raschke
6. <u>Walli</u> Erna Raschke, geb. Knape (1902-1969)
7. Freund der Familie Raschke
8. Elisabeth Knape, geb. Senftleben (Ehefrau von Ernst, Fritz Knape (1906-?)
9. Julius Ernst <u>Otto</u> Knape (1884-1958)
10. Martha Lemke geb. Heinich
11. <u>Dora</u> Julie Marie Loebermann, geb. Knape (1908-nach 1983)
12. <u>Käthe</u> Ilse Marie Gott, geb. Bölke (1901-1995)
13. Freundschaft der Familie
14. Freundschaft der Familie
15. Dietrich Gott (1926-)
16. Dr. <u>Reinhard</u> Otto Karl Knape (1911-1951)
17. Arbeitskollegin von Hildegard Raschke
18. ?

---

[28] Mit Bilderklärung von Joachim Rahn, Johannisthal zur Verfügung gestellt.

Die „*Knape & Raschke Holzhandlung - Holzbearbeitung*" wurde 1955 verstaatlicht und in den Volkseigenen Betrieb (VEB) „*VEB Holzinnenausbau*" und später in eine Produktionsgenossenschaft des Handwerks (PGH) umgewandelt. Um 1945/46 stand auf dem Gelände ein Bürohaus, welches abbrannte. Rotarmisten löschten damals das Feuer. <u>Ernst</u> *Fritz Albert Knape (1906-?)* arbeitete als Platzmeister, Kraftfahrer, und Zimmermann im Betrieb seines Vaters, erhielt aber nach der Verstaatlichung keine Führungsfunktion im VEB, da er keinen Meisterabschluss hatte.

Blick im Richtung Winckelmannstraße um 1975. Rechts im Bild die damalige PGH „Holzhandel".

Aus der Winckelmannstraße in Richtung Straße am Flugplatz um 1975. Links war der Eingang 6 zum damaligen Flugplatzgelände.

Das Haus der Familie Knape und Raschke

Das Haus Knape und Gustav Raschke in der Friedrichstraße ab 1951 Winckelmannstraße. Nach 1943 waren es die Hausnummern 19 und 21, vorher Nr. 57 und 58. Bereits 1937/38 wurden die Hausnummerierungen erstmals verändert.

Es wurde als das „höchste Haus in Johannisthal" bezeichnet. Das Haus Nr. 21 war geerbtes Eigentum des Ehepaars Raschke und seine Familie bewohnte die Mitte und den rechten Teil im 1. Stock. Parterre war ein Friseurladen. Das Haus mit der Nr. 19 war Eigentum von *Marie Knape (1878-1953)*. Ebenfalls im 1. Stock wohnte die Familie *Otto Knape (1884-1958)*. Auf dem Hof links war von 1937-1943 die Bäckerei des Bäckermeisters *Walter Rötschke*. Die anderen Wohnungen waren vermietet.

Nach Fertigstellung des Hauses Nr. 57 befand sich im Erdgeschoss ein Friseurladen, Inhaber *Willy Hanschke*. Er war nicht nur Friseur, sondern auch Heilgehilfe und später staatlich geprüfter Masseur tätig.

Sein Geschäft fungierte ab etwa 1910 als Unfallmeldestelle, was durch den nahen Flugplatz sicher notwendig und zweckmäßig war. Am 1913 war dort auch eine Telefonmöglichkeit vorhanden.

Hanschke arbeitete ehrenamtlich als stellvertretender Bezirksvorsteher im 1. Ortsbezirk der Gemeindeverwaltung Johannisthal. Bezirksvorsteher war der Bäckermeister *Ludwig* aus der Friedrichstr. 6.

Der Ortsbezirk gehörten die Straßen: Bismarckstr. (heute Herweghstr.), Friedrichstr. 1-11 (heute Winckelmannstr.) und die Kaiser-Wilhelm-Str. 37-44 (heute Sterndamm).

<u>Obige Zeichnung:[29]</u>
Erster Bauskizze von Friedrich <u>Fritz</u> Knape (1879-1930) zum Bau des Hauses.

Antrag zur Beschriftung der Toreinfahrt:

Brennholz-Holzhandlung
Fritz Knape
Fernsprecher: OBSCH 3093

---

[29] Bauaktenarchiv Bezirksamt Treptow-Köpenick.

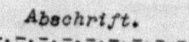

Abschrift.

-.-.-.-.-.-.-.-.-.-.-

109. Polizei-Revier
Tgb.Nr. 3331   Berlin-Niederschöneweide, den 21.Juni 1922.

<u>Feuergefährlicher Arbeitsraum.</u>

In dem Hause Berlin-Johannisthal, Friedrichstr.57/58, hat

der Flugzeugführer Friedrich Rieseler, geboren am 22.August

1880 zu Burg, Johannisthal, Parkstr.26 bei Schachert wohnhaft,

in einer nicht verschalten Bodenkammer eine Flugzeugbauwerk-

statt errichtet. In dieser Werkstatt wird mit Stichflammen

gearbeitet. Rieseler beschäftigt 4 bis 5 Arbeiter.

An   (Erm.Büttner Pol.Betr.Assistent).

as Polizeiamt 15   I.V.
eschäftsstelle 5
     Berlin-Treptow.   gez.Schröder.

*Ein Flugzeugführer Friedrich Rieseler konnte nicht gefunden werden. In dem Haus Nr. 57
befand sich zu dieser Zeit die Feuermeldestelle und die Unfallstation.*

Das Haus in der Winckelmannstr. 19-21[30] wurde 1986 abgerissen und durch einen
Neubau ersetzt.

Standortaufnahmen vom 19. April 2008.

Nach dem Abriss des Hauses Winckelmannstr. 19-21 um 1986 zog das Ehepaar *Heinz
und Hildegard Raschke* zuerst in den Sterndamm, später in die Herrenhausstraße,
hinter ihrem ehemaligen geerbten und um 1986 verkauften Grundstück.

---

[30] 1951 erfolgte die Straßenumbenennung in Winckelmannstraße und eine neue Hausnummerierung.

Die Hausnummer 11 (später Nr. 62) ist der Ursprung von Johannisthal. Das war das Rudower Gartenhaus, wurde zum Gutshaus umgebaut, als Kammerrat Johann Wilhelm Werner 1753 von dem preußischen König Friedrich II. den Auftrag übernahm diese Gegend zu besiedeln. 1975 erfolgte der Abriss des Hauses.

Aufnahme vor 1951 vor der Straßenumbenennung in Winckelmannstraße.

Ehemaliges Wohnhaus der Familie Raschke

Aufnahme 20. April 2008 – Dieses Haus mit der Nr. 9 (früher Nr. 62) wurde 1905 gebaut, gehörte dem Gemeindearzt Dr. Riech und um 1914/19, hatte dort Dr. med. Willibald Dietrich seine Arztpraxis. Dr. Dietrich war Gemeindeverordneter, Schularzt und Flugplatzarzt. 1943 war das Haus auf den Eigentümer Dr. med. Carl Müller eingetragen.

Die Grabstelle von Gustav Raschke

Gustav Raschke wurde am 7. Januar 1949 auf dem städtischen Friedhof Baumschulenweg, Kiefholzstraße 222 in der Abteilung E 16 Nr. 266 als Erdbestattung beerdigt.

Sein Sohn *Frank Raschke* war zum Zeitpunkt des Todes fünf Jahre alt. Er ist nicht in dieser Grabstelle vermerkt und könnte in einer Kinderabteilung bestattet worden sein. Seine Ehefrau *Walli Raschke (1902-1969)* wurde am 12. August 1969 als Urne in die gleiche Grabstätte beigesetzt.[31]

Die Fotoaufnahmen zeigen die Grabstätte und sein Sohn *Heinz Raschke* bei der Pflege. Die Grabstelle existiert heute nicht mehr.

---

[31] Archivanfrage beim Bezirksamt Treptow-Köpenick, Friedhofsverwaltung.

Heinz Raschke wurde 2000 für die Erstellung des Dokumentarfilms „Höhenflüge und Abstürze" in seiner Wohnung interviewt. Er erzählte voller Stolz über die ersten Flüge seines Vaters mit dem selbstgebauten Flugzeug auf dem Flugplatz Johannisthal und über seine eigenen Flugerlebnisse mit ihm.

2000:
Heinz Raschke erzählt im Dokumentarfilm
von seinem Vater Gustav Raschke.

Heinz und Hildegard Raschke feierte seinen 80. Geburtstag am 22. Dezember 2003 im Ratskeller des Rathauses Johannisthal. Am 29. Juli 2006 starb *Heinz Raschke* im Alter von 82 Jahren.

19. April 2008.

Hildegard Raschke (geb. 28. März 1922) erinnert sich gern an die Erzählungen ihres Ehemannes *Heinz* über seinen Vater „*Papa Gustav*".

Kurzdarstellung der Familie Knape
(Zusammengestellt von Joachim Rahn, Johannisthal)

Friedrich **Ernst** Knape (1)

Geboren am 21.10.1851 in Wittenberg

Schulzeit in Wittenberg

Bäckerlehre

Militärdienst (keine Teilnahme am Deutsch-Französischen Krieg 1870/71)

1877 Bäckermeister in Grünerlinde (Cöpenick)

heiratete am 02.07.1877 in Cöpenick Marie **Baldow**

1878 Wohnort Johannisthal Dorfstr. - Friedrichstr. 6 / 22 - Winkelmannstr. 22

Bäckerei auf dem Hof (später Bäckerei Max Ludwig)

1878 Geburt der Tochter **Elise** Knape (1.1)

1879 Geburt des Sohnes **Friedrich** (Fritz) Knape (1.2)

1884 Geburt des Sohnes **Otto** Knape (1.3)

ab 1886 Schöffe bei der Gemeindeverwaltung Johannisthal, dort Mitglied verschiedener Kommissionen:

· Finanzkommission
· Hochbaukommission
· Tiefbaukommission
· Friedhofskommission
· Schuldeputation
· Denkmal-Kommission
· Kommission zum Rathausbau

1887 Kauf des Grundstückes Dorfstr - Friedrichstr. 58 / 19 - Winkelmannstr. 19

Bäckerei auf dem Hof

1909 Neubau des Wohnhauses Friedrichstr. 58 / 19 - Winkelmannstr. 19

Aufgabe der Tätigkeit als Bäckermeister und die Bäckerei wurde weitergeführt von:

1909 bis 1911 vom Bäckermeister Gottlieb Schawaller

1912 bis 1914 vom Bäckermeister Hermann Ruhmke

1915 bis 1936 vom Bäckermeister Bruno Weigt

1937 bis 1943 vom Bäckermeister Walter Rötschke

Gestorben am 23.09.1912 in Johannisthal, begraben in Rudow

Marie **Elise** Knape (1.1)

Geboren am 07.02.1878 in Johannisthal
Schule in Niederschöneweide
heiratete am 29.11.1899 in Johannisthal den Lehrer Albert **Bölke**
Wohnort Johannisthal Bismarckstraße 5a - Herwegstraße 19
1901 wird ihre Tochter **Käthe** Bölke (1.1.1)
1907 zieht die Familie nach Lichtenberg Gudrunstr.
1910 bis 1917 wohnt die Familie in der Waldeyer Str. in Friedrichshain, ab 1918 dann in der Thaerstr.
1925 Miteigentümer am Grundstück Friedrichstr. 58 / 19 - Winkelmannstr. 19
ab 1932 in Berlin Karlshorst Köpenicker Allee, das Einfamilienhaus wurde mit Hilfe der Holzhandlung von Otto Knape und Gustav Raschke errichtet.
ab 1945 wurde das Haus von den Russen genutzt (Sperrgebiet)
Familie kam bei Otto Knape in Johannisthal Friedrichstr. 19 - Winkelmannstr. 19 unter.
1951 stirbt ihr Mann Albert Bölke
Elise zieht zu ihrer Tochter Käthe nach Biesdorf Ketschendorfer Weg
Gestorben am 22.03.1953 im Oskar Ziethen Krankenhaus Lichtenberg

Friedrich **(Fritz)** Ernst Knape (1.2)

Geboren am 26.01.1879 in Johannisthal
Schule in Niederschöneweide
Bäckerlehre
Militärdienst
1901 Kauf des Grundstückes Friedrichstr. 57 / 21 - Winkelmannstr. 12
heiratete 08.10 1902 in Johannisthal Frieda **Henkel**
1902 Geburt seiner Tochter **Walli** Knape (1.2.1)
1905 Bäckermeister im väterlichen Betrieb
1906 Aufgabe der Tätigkeit als Bäcker und Gründung der Holzhandlung
1909 Neubau des Wohnhauses Friedrichstr. 57 / 21 - Winkelmannstr. 21
Scheidung von Frieda Knape geb. **Henkel** (Datum unbekannt)
zweite Ehe mit Margarete **Bredow** (Datum unbekannt)
1923/24 Rückzug aus dem Holzgeschäft (vermutlich gesundheitliche Gründe), Übergabe an seinen Bruder Otto Knape
Gestorben am 02.03.1930 in Johannisthal

Julius Ernst **Otto** Knape (1.3)

Geboren am 06.03.1884 in Johannisthal
Schule in Johannisthal
Kaufmännische Ausbildung
heiratete 21.05 1906 in Johannisthal Anna **Seifert**
Wohnort Johannisthal Friedrichstr. 58 / 19 - Winkelmannstr. 19
1906 Geburt seines Sohnes **Ernst** Knape (1.3.1)
1908 Geburt seiner Tochter **Dora** Knape (1.3.2)
1910 Geburt seiner Tochter Käthe Knape, verstirbt nach zwei Monaten
1911 Geburt seines Sohnes **Bernhard** Knape (1.3.3)
1920 Scheidung von Anna Knape geb. **Seifert**
1923/24 Übernahme des Holzgeschäftes von seinem Bruder Fritz Knape und
Partnerschaft mit Gustav **Raschke**
1924 Kauf des Grundstückes Friedrichstr. 24 - Winkelmannstr. 81-85 (Holzplatz)
1925 Miteigentümer am Grundstück Friedrichstr. 58 / 19 - Winkelmannstr. 19
lebte mit Martha Lemke geb. Heinich zusammen
1955 wird Holzhandlung Knape & Raschke verstaatlicht
Gestorben am 07.06.1958 in Johannisthal (vermutlich Selbstmord)

Käthe Ilse Marie Bölke (1.1.1)

Geboren am 30.08.1901 in Johannisthal
Schule in Friedrichshain und Lichtenberg
heiratete am 27.09 1923 in Friedrichshain den Lehrer Walter **Gott**
wohnte bei den Eltern in der Thaerstr.
1926 Geburt ihres Sohnes **Dietrich** Gott
1930 Geburt ihres Sohnes **Peter** Gott
1930/31 Bau des Einfamilienhauses in Berlin Karlshorst Köpenicker Allee, dass mit
Hilfe der Holzhandlung von Otto Knape und Gustav Raschke errichtet wurde.
1932 ziehen ihre Eltern mit ein
ab 1945 wurde das Haus von den Russen genutzt (Sperrgebiet)
ihr Mann stirbt 1945 in Halle
die Familie kommt in Biesdorf bei Bernhard Knape unter
später eigene Wohnung im Ketschendorfer Weg
Gestorben am 20.06.1995 in Berlin-Zehlendorf

Walli Erna Knape (1.2.1)

Geboren am 23.10.1902 in Johannisthal
Schule in Johannisthal
heiratete am 15.04 1922 in Johannisthal den Kaufmann Gustav **Raschke**
wohnte Friedrichstr. 57 / 21 - Winkelmannstr. 21
1923 Geburt des Sohnes **Heinz** Raschke
1925 Miteigentümerin am Grundstück Friedrichstr. 58 / 19 - Winkelmannstr. 19
Geburt des Sohnes **Frank** Raschke (Datum unbekannt)
1935 Eigentümerin am Grundstück Friedrichstr. 57 / 21 - Winkelmannstr. 21
1937 wohnhaft in der Trützschlerstr. 17
1949 starb ihr Mann Gustav **Raschke**
Gestorben am 25.07.1969 in Johannisthal

Ernst Fritz Albert Knape (1.3.1)

Geboren am 20.10.1906 in Johannisthal
Schule in Johannisthal
Kaufmännische Ausbildung
heiratete um 1934/35 in Johannisthal Elisabeth **Senftleben** (Buchhalterin)
wohnhaft in der Mühlbergstr.
1936/37 Bau des Einfamilienhauses in der Goldmarkstr.7 - Fielitzstr. 7, das mit Hilfe
der Holzhandlung von Otto Knape und Gustav Raschke errichtet wurde
Arbeitete auch im Betrieb seines Vaters als Platzmeister, Kraftfahrer, Zimmermann.
Soldat im Zweiten Weltkrieg
ca. 1970 Scheidung von Elisabeth Knape geb. **Senftleben**
gestorben in Berlin (Datum unbekannt)

Dora Julie Marie Knape (1.3.2)

Geboren am 06.01.1908 in Johannisthal
Schule in Johannisthal
heiratete in Johannisthal Werner **Loebermann** (1902-?), später Flughafendirektor von
Tempelhof 1945 bis 1968
wohnhaft in Rudow Herzblattweg
zwei Kinder (Tochter und Sohn)
1940 bis 1983 Wohnort Lichtenrade Prinzessinnenstr.
gestorben in Berlin (Datum unbekannt)

Bernhard Otto Karl Knape (1.3.3)

Geboren am 09.07.1911 in Johannisthal
Schule in Johannisthal
Gymnasium
Studium/Ausbildung zum Arzt
Promovierte 1941
heiratete Irmgard (Name unbekannt)
1950 Praktischer Arzt in Biesdorf Elisabethstr.
schwer erkrankt
Gestorben am 01.11.1951 in Berlin

Personen- und Firmenregisterregister

Mackenthun, Walter	25
Mühlig-Hoffmann, Albert	23
Müller, Carl Dr. med.: Gemeindearzt	38
Neumann, Franz: Vater von Hildegard Raschke	33
Neumann, Marie: Mutter von Hildegard Raschke	33
PGH Holzhandel	31
Raschke, Frank: Sohn Gustav und Walli Raschke	31, 39
Raschke, geb. Knape, Walli: Tochter v. Frieda Raschke	7, 31, 39
Raschke, Heinz: Sohn von Gustav Raschke	31, 32, 33, 37, 39, 40
Raschke, Hildegard: Ehefrau von Heinz Raschke	31, 32, 37, 40
Reitsch, Hanna	25
Riech Dr.: Gemeindearzt	38
Rieseler, Friedrich	37
Rieseler, Walter: Konstrukteur	15
Rötschke, Walter: Bäckermeister	34
Rühmann, Heinz: Schauspieler	15
Sasse, Fritz: ev. Pfarrer	32
Sedlmayr, Gerhard	23
Senftleben, Max: Inhaber des Cafe Senftleben	18
Sportfreunde Schöneweide-Johannisthal 1930 e.V.	18
Stübing, Karl: Sportflugzeugbauer	15
Terrain AG	7
Tolinski, Franz: Inhaber des Restaurant „Flieger-Heim"	18, 28
Vagel-Grip-Flugzeugbau	15
VEB Holzinnenausbau	31
Wieting, Werner	7
Witzig: ev. Pfarrer	26
Zahn, Rudolf: Mitunterzeichner der Resolution 1927	20
Zieske: Konstrukteur, Teilhaber der Flugzugbaufirma	9, 10, 11, 12, 13

Quellen

- Alphabetisches Verzeichnis der Einwohner Johannisthals im Jahre 1893.
- Amtsgericht Berlin-Charlottenburg, Handelsregister (keine Akten vorhanden)
- Bezirksamt Treptow-Köpenick von Berlin, Bauaktenarchiv
- Bezirksamt Treptow-Köpenick von Berlin, Friedhofsamt, Frau Gansauge
- Dokumentarfilm „Höhenflüge und Abstürze" des Fernsehsenders RBB aus 2000
- Fessler,Thomas, Schweiz
- Gott, Dietrich, Bremerhaven
- Koos, Volker, Rostock

- Museumsarchiv Berlin-Treptow
- Rahn, Joachim, Johannisthal, Mitglied des FV für das Museum Treptow e. V.
- Raschke, Hildegard, Berlin-Johannisthal, Schwiegertochter von Gustav Raschke

Zeitungen und Periodika

- Amtsblatt des *„Deutschen Luftsport-Verbandes"* (DVL), 6. Jahrg., Nr. 19 vom
- 15.10.1933
- Zeitschrift *„Flugsport"*, Jahrgang 1914, 1930
- Zeitung *„Teltower Kreisblatt"* vom 21.03.1919
- Zeitschrift *„Die Woche"*, 1930

Literatur

- Denkschrift *„Für Johannisthal"* Zur Begründung der Resolution über die Verlegung der Deutschen Versuchsanstalt für Luftfahrt e. V. von Adlershof nach Britz, August 1927, Museum Treptow.
- Förderverein für das Museum Treptow e.V., *„Johannisthal in Berlin"*, 2003,
- Kauther/Wirtz: Dokumentationsreihe 1909-1914, Heft 3, 2 und 31
- Lange, Bruno, *„Typenhandbuch der deutschen Luftfahrttechnik"*, Bernhard & Graefe Verlag Koblenz
- Schmitt, Günter: *"Als die Oldtimer flogen. Die Geschichte des Flugplatzes Johannisthal"* Seite 32, 34, 60, 61, 62, 201
- Supf, Peter: *"Das Buch der deutschen Fluggeschichte"*, Verlagsanstalt Hermann Klemm AG Berlin 1935, Band II, Seiten 153, 159, 160
- Türke, Georg, *„Treptow vergangene Jahre"*, Museum Treptow 2008, Seite 38-39

Bildnachweis

- Die Fotoquellen sind in den Fußnoten vermerkt. Ist das nicht der Fall, so befinden sich die Fotos in der Sammlung der Autoren.